INSTRUCTION
CHRÉTIENNE
AUX ENFANTS.

Mon Fils, dès votre jeunesse, aimez à être instruit; et vous acquerrez une sagesse qui ne vous quittera point jusque dans la vieillesse. *Eccl. v.* 18.

DOUAI,
Chez Adolphe OBEZ, libraire,
Rue de Bellain, 4.

Imp. de Beghin, à Roubaix.

Lettres Capitales.

ABCDEFGH
IJKLMNOP
QRSTUVW
XYZÆŒ.

a e i o u

ba	be	bi	bo	bu
ca	ce	ci	co	cu
da	de	di	do	du
fa	fe	fi	fo	fu
ga	ge	gi	go	gu
ha	he	hi	ho	hu
ja	je	ji	jo	ju
ka	ke	ki	ko	ku
la	le	li	lo	lu

ma	me	mi	mo	mu
na	ne	ni	no	nu
pa	pe	pi	po	pu
qua	que	qui	quo	quu
ra	re	ri	ro	ru
sa	se	si	so	su
ta	te	ti	to	tu
va	ve	vi	vo	vu
xa	xe	xi	xo	xu
za	ze	zi	zo	zu

Syllabaire composé.

bla	ble	bli	blo	blu
bra	bre	bri	bro	bru
cha	che	chi	cho	chu
cla	cle	cli	clo	clu
cra	cre	cri	cro	cru

(4)

ra	dre	dri	dro	dru
gla	gle	gli	glo	glu
gra	gre	gri	gro	gru
pla	ple	pli	plo	plu
pra	pre	pri	pro	pru
pha	phe	phi	pho	phu
tla	tle	tli	tlo	tlu
tra	tre	tri	tro	tru

a b c d e f g h i j
k l m n o p q r s t
u v w x y z ff fl ffl
fi ffi æ œ.

Pater Noster.

NOTRE PÈRE, qui êtes aux cieux, que votre nom soit

sanctifié; que votre règne arrive; que votre volonté soit faite en la terre comme au ciel. Donnez-nous aujourd'hui notre pain quotidien, et pardonnez-nous nos offenses, comme nous pardonnons à ceux qui nous ont offensés; et ne nous laissez pas succomber à la tentation; mais délivrez-nous du mal;

Ainsi soit-il.

La Salutation Angélique.

Je vous salue, Marie, pleine de grâce; le Seigneur est avec vous : vous êtes bénie entre

toutes les femmes, et Jésus le fruit de vos entrailles est béni. Sainte Marie, mère de Dieu, priez pour nous, pauvres pécheurs, maintenant et à l'heure de notre mort;
Ainsi soit-il.

Le Symbole des Apôtres.

Je crois en Dieu le Père

tout-puissant, créateur du ciel et de la terre, et en Jésus-Christ, son Fils unique, notre Seigneur, qui a été conçu du Saint-Esprit, est né de la Vierge Marie, a souffert sous Ponce-Pilate, a été crucifié, est mort et a été enseveli, est descendu aux enfers, est ressuscité d'entre les morts le troisième jour; est monté aux cieux, est assis à la droite de Dieu le Père tout-puissant, d'où il viendra juger les vivants et les morts.

Je crois au Saint-Esprit, la sainte Eglise catholique,

la communion des saints, la rémission des péchés, la résurrection de la chair, la vie éternelle; ainsi soit-il.

Le Confiteor.

JE confesse à Dieu tout-puissant, à la bienheureuse Marie toujours Vierge, à saint Michel archange, à saint Jean-Baptiste, aux Apôtres saint Pierre et saint Paul, à tous les saints et à vous mon Père, que j'ai beaucoup péché par pensées, par paroles et par actions : c'est ma faute, c'est ma faute, c'est ma très-grande faute; c'est pourquoi je prie la bienheureuse Marie toujours Vierge, saint Michel archange, saint Jean-Baptiste, les saints Apôtres Pierre et Paul, tous les saints et vous, mon Père, de prier pour moi le Seigneur notre Dieu.

Que le Dieu tout-puissant nous fasse miséricorde, qu'il nous pardonne nos péchés, et nous conduise à la vie éternelle;

Ainsi soit-il.

Les Commandements de Dieu.

Un seul Dieu tu adoreras,
  Et aimeras parfaitement.
Dieu en vain tu ne jureras,
Ni autre chose pareillement.
Les Dimanches tu garderas,
En servant Dieu dévotement.

Père et Mère honoreras,
Afin que tu vives longuement.
Homicide point ne seras,
De fait ni volontairement.
Luxurieux point ne seras,
De corps ni de consentement.
Le bien d'autrui tu ne prendras,
Ni retiendras à ton escient.
Faux témoignage ne diras,
Ni mentiras aucunement.
L'œuvre de la chair ne désireras,
Qu'en mariage seulement.
Biens d'autrui ne convoiteras,
Pour les avoir injustement.

Les Commandements de l'Eglise.

Les Dimanches la Messe ouïras,
Et fêtes de commandement.
Tous tes péchés confesseras,
A tout le moins une fois l'an.
Ton Créateur tu recevras,
Au moins à Pâques humblement.
Les fêtes tu sanctifieras,
En servant Dieu dévotement.
Quatre-Temps, Vigiles jeûneras,
Et le Carême entièrement.
Vendredi chair ne mangeras,
Et le Samedi pareillement.

Prière quand on se lève.

JE me lève au nom de Notre-Seigneur Jésus-Christ, qui a été crucifié pour moi : bénissez-moi, ô mon Dieu, et conduisez-moi à la vie éternelle.

Bénédiction de la Table.

QUE la main de Jésus-Christ nous bénisse, nous et la nourriture que nous allons prendre. Au nom du Père, et du Fils, et du Saint-Esprit ; ainsi soit-il.

Actions de Grâce après le repas.

SEIGNEUR Dieu, nous vous remercions de ce qu'il vous a plû nous donner pour la nourriture de nos corps : conservez votre grâce dans nos âmes, afin que nous puissions vous voir, vous louer et vous aimer dans toute l'éternité.

Que les fidèles reposent en paix par la miséricorde de Dieu ; ainsi soit-il.

Prière en se couchant.

QUE le Seigneur tout-puissant et tout miséricordieux nous bénisse et nous conserve, en nous accordant une nuit tranquille et une heureuse fin ; ainsi soit-il.

Au nom du Père, et du Fils, et du Saint-Esprit ;
Ainsi soit-il.

Mettez-nous en la présence de Dieu, et adorons son saint Nom.

Venez, Esprit-Saint, remplissez les cœurs de vos fidèles, et allumez-y le feu de votre divin amour.

Acte d'Adoration.

Prosterné devant vous, ô Dieu de majesté ! je vous reconnais pour le souverain Seigneur de toutes choses, et je vous adore avec tout le respect dont je suis capable.

Acte d'Amour.

Mon Dieu, je vous aime de tout mon cœur, par-dessus toutes choses, et mon prochain comme moi-même pour l'amour de vous.

Acte de Foi.

Mon Dieu, je crois fermement tout ce que vous avez dit et révélé à votre Eglise, parce que vous êtes la vérité même, et que vous ne pouvez être trompé ni me tromper.

Acte d'Espérence.

J'ESPÈRE, mon Dieu, que par votre miséricorde infinie, vous m'accorderez votre sainte grâce en ce monde, et votre gloire en l'autre.

Acte de Contrition.

MON Dieu, je suis triste et marri de vous avoir offensé, parce que vous êtes infiniment bon, et que le péché vous déplaît; je vous propose de m'amender moyennant votre sainte grâce.

Les Sacrements.

IL Y EN A SEPT : le Baptême, la Confirmation, la Pénitence, l'Eucharistie, l'Extrême-Onction, l'Ordre et le Mariage.

Les Vertus théologales.

IL Y EN A TROIS : la Foi, l'Espérance et la Charité.

Les Vertus cardinales.

IL Y EN A QUATRE : la Prudence, la Force, la Justice et la Tempérance.

AVIS SALUTAIRES A UN ENFANT.

Mon cher enfant, vous connaissez vos lettres, vous savez épeler des syllabes et des mots : il faut maintenant apprendre à lire. Travaillez à cela avec courage pour devenir un bon chrétien, un bon citoyen pour mettre ordre à vos affaires. — Faites usage de votre raison, et concevez que Dieu vous a créé pour le connaître, l'aimer et le servir, et par ce moyen arriver à la vie éternelle. — Il faut auparavant passer par cette vie mortelle, où vous voyez et verrez qu'on a bien de la peine. — On vous apprendra comment, et depuis le péché originel, Dieu a condamné tous les hommes au travail. — Celui qui ne travaille point et qui ne veut point travailler, ne sert point Dieu et ne l'aime point, car une telle paresse est un péché mortel. — L'homme est né pour travailler comme l'oiseau pour voler. — Celui qui ne veut point travailler n'est point digne de manger. — Qui est oisif dans sa jeunesse, travaillera dans sa vieillesse. — Vous ne savez, mon cher enfant, si votre vie sera longue. — Travaillez comme si vous deviez vivre longtemps.

Vivez comme si vous deviez mourir bientôt.

Vos parents vous ont donné la naissance, ils ont pris bien de la peine pour vous pendant que vous ne pouviez ni marcher, ni parler.

Vos bons et chers parents vous fournissent la nourriture, le vêtement, et toutes choses.

Vos aimables parents espèrent que vous apprendrez présentement ce qui vous est nécessaire pendant le cours de votre vie.

Cette vie est pleine d'affaires et d'embarras qui vous causeront de la peine, si vous ne savez bien parler, bien lire et bien écrire.

On estime une personne qui sait bien parler, bien lire et bien écrire; on dit qu'elle a reçu une bonne éducation.

Celui qui ne sait point ces choses est regardé comme un homme du néant. On se moque de celui qui parle mal. Celui qui ne sait point lire est aveugle de la moitié du temps. De quoi est-on capable quand on ne sait ni lire ni écrire ?

Écoutez avec respect et avec attention ceux qui vous enseignent, ne les attristez point, ne les faites point mettre en colère.

Regardez-les comme les envoyés de Dieu pour vous donner l'éducation souverainement nécessaire, et qui est la plus grande consolation des misères de la vie.

FIN.

Pécheur, tu le vois mort, ce Dieu qui t'a vu naître :
Sa mort est ton ouvrage et devient ton appui.
Dans son excès d'amour, tu dois au moins connaître,
Que s'il est mort pour toi, tu dois vivre pour lui.

www.ingramcontent.com/pod-product-compliance
Lightning Source LLC
Chambersburg PA
CBHW071425060426
42450CB00009BA/2031